Bilderbücher mit beweglichen Figuren

Werkbücher
für Kinder, Eltern und Erzieher

Heft 3

Herausgegeben von der
Internationalen Vereinigung der Waldorfkindergärten

Bilderbücher mit beweglichen Figuren

Anregungen
und Anleitung zum Selbermachen
von BRUNHILD MÜLLER

VERLAG FREIES GEISTESLEBEN

CIP-Kurztitelaufnahme der Deutschen Bibliothek

Müller, Brunhild:
Bilderbücher mit beweglichen Figuren: Anregungen
und Anleitung zum Selbermachen / von Brunhild Müller
– 4. Aufl. – Stuttgart: Verlag Freies Geistesleben, 1988.
(Werkbücher für Kinder, Eltern und Erzieher; H. 3)
ISBN 3-7725-0443-4
NE: GT

4. Auflage 1988
Einband: Walter Krafft

Druck: Greiserdruck, Rastatt

Vorwort

Das Bilderbuch gehört zu der umstrittensten Gattung künstlerisch-kindgemäßer Druckwerke. Kitsch und Dilettantismus, Karikatur und Groteske, malerisches Fluten von Farben, zeichnerisches Konturieren, inhaltsleere Alltäglichkeit und symbolstrenge Hintergründigkeit – alles kann sich liebevoll dem Kinde zuneigen, alles kann zur Liebhaberei oder auch zum geschäftlichen Interesse der Büchermacher werden.

Der Erwachsene, der sich anhand eines Bilderbuches mit einem Kinde warmherzig beschäftigt, wird eigentlich immer «Erfolg» haben; denn das Kind will nicht beurteilen, sondern in die innere Bewegung und Zuneigung des Erziehers aufgenommen werden und mit ihm mitschwingen in Vertrauen und Nachahmung der menschlichen Geste. Die Suche nach dem guten Bilderbuch, seine Beurteilung, Verwendung und das Abschätzen der Tiefenwirkung bleibt dem Erwachsenen vorbehalten. Oft hört er erst von seinen erwachsenen Kindern, welche Bücher wirklich geliebt, welche Eindrücke und Auswirkungen bleibende Spuren hinterlassen haben.

Mitten in diese Situation der Unsicherheiten stellt Brunhild Müller ihre Anregung, Bilderbücher mit beweglichen Figuren selber anzufertigen, den Vorwurf des Dilettantismus oder der fehlenden künstlerischen Kriterien zu ignorieren, und Bilderbücher für die eigenen Kinder und aus dem eigenen Schatz an

Versen und Geschichten herzustellen. Die schlichten Beispiele, die sorgfältige Hinleitung, wie man den Mut und die Geschicklichkeit erwirbt, ans Werk zu gehen, bietet sie aus ihrer Erfahrung an. Ein wesentliches Motiv leitet sie: Tätigkeit und Geste dem Bild hinzuzufügen. Damit wird das Beschauen erweitert zum Handeln. Ob der Erwachsene dann mit dem Kinde zusammen das Bilderbuch betrachtet, bewegt, zum Sprechen und Tun bringt, ob später das Kind allein mit dem Bilderbuch spielt und phantasiert, bleibt der individuellen Handhabung überlassen. Ja, ob ältere Kinder angeregt werden, für die kleinen Geschwister oder Nachbarkinder oder zum Kindergeburtstag so ein bewegliches Bilderbuch zu machen, immer wird es persönlicher Einsatz, Dokument individueller Hinneigung zu bekannten, liebevoll beschenkten Kindern sein.
Zur Vertiefung in die Wirklichkeit des «ernsten» Spielbedürfnisses des Kindes und seiner stufenweisen Phantasieentfaltung hat Brunhild Müller die Hinweise Rudolf Steiners zum beweglichen Bilderbuch in ihren Anmerkungen zusammengetragen. Rudolf Steiner spricht von den an Fäden gezogenen, Gesten ausführenden Figuren. Wer seinen Fingerzeigen nachgeht, wird die Entdeckung machen, daß wir mit diesem Werkbuch zur Anfertigung von Bilderbüchern, in denen die ganzen Figuren bewegt werden, einen Anstoß zu schöpferischem Tun für unsere Kinder und mit ihnen erhalten, den nun jeder nach seinem Vermögen weiter entwickeln und differenzieren kann. Bei Steiner sind Kriterien für das Bilderbuch aufgezeigt, die Wege zu weiteren Entdeckungen und innerer Sicherheit öffnen.

Helmut von Kügelgen

I. Das Bilderbuch und seine pädagogische Bedeutung

Wesentliche und intensive Erinnerungen verbinden sich für viele Erwachsene mit Bilderbüchern aus ihrer Kindheit. Weniger die Geschichten, die Verse aus den Büchern haben sich dem Gedächtnis eingeprägt als die Bilder. Solche Bilder tauchen in unserem Erinnern auf, Bilder, die sich als unsere Vorstellungen lebendig vor das innere Auge stellen, die uns lieb sind oder noch immer mit Angst erfüllen.
Diese Beobachtung kann darauf aufmerksam machen, daß uns mit einem Bilder-Buch ein wichtiges Erziehungsmittel in die Hand gegeben ist. Deshalb benötigen wir als Eltern und Erzieher Beurteilungsgrundlagen für die Beantwortung der Fragen, welche Bilder und Bücher wir für unsere Kinder auswählen sollten und welche Gesichtspunkte beim eigenen Anfertigen von Bilderbüchern zu beachten sind.
Im Vortragswerk und in den Schriften Rudolf Steiners (siehe Literaturhinweise 1 bis 10, S. 49 ff.) finden wir dazu konkrete Äußerungen und Hinweise, insbesondere auf das Bilderbuch mit beweglichen Figuren. Dies ist ein Bilderbuch, in dem sich die Figuren z. B. durch Ziehen von unten an Fäden bewegen lassen. Eine etwas einfachere Art ist ein Buch, in dem die Figuren durch die Hand mittels eines Führungsstabes frei im Bild bewegt werden können. Bücher, in denen Bilder z. B. durch eine drehbare Scheibe in einen Bildausschnitt geschoben

werden, sind damit nicht gemeint. Im folgenden soll auf die genannte einfachere Art näher eingegangen werden.

Zunächst gilt es, ganz allgemein von anderen Voraussetzungen auszugehen als von unseren Erwachsenenstandpunkten oder vom eigenen Gefallen. Zu vielem, was die Erwachsenen an einem Buche anspricht, findet das Kind noch keine Beziehung. Die *Farbigkeit* der Bilder, ihre Formen, auch die Sprache und die Bildinhalte werden vom Kinde viel unmittelbarer erfahren als vom Erwachsenen. Das Kind erlebt eine Farbenkomposition als Totalität, als Stimmung, als Klang. Dies schafft im Kinde wohltuende oder abstoßende Empfindungen. Die bunten Bilder in den Büchern können zu Freude, zu Wohlgefallen Anlaß geben, sie können aber auch abschreckend auf die Kinder wirken oder Furcht erzeugen. Deshalb sollten die Farben weder symbolisierend noch willkürlich verwandt werden oder gar das kindliche Empfinden durch ihre Grellheit verletzen.

Während das Kind in die Farbigkeit guter Bilder eintaucht und wie träumend darin lebt, sprechen es die *Formen,* die Gestalten in den Bildern aufweckend an. Auch sie hinterlassen wesentliche Eindrücke. Sie sollten deshalb klar, eindeutig, richtig, das heißt wahr sein. Die Konturen sollten jedoch nicht gezeichnet werden, sondern sich aus der Farbe ergeben, damit das Auge nicht wie fixiert schauen muß, sondern die Gestaltungen aus innerer, mitschaffender Regsamkeit heraus «umgreifen» kann. Das wirkt belebend auf das Kind. Seine Eigenbewegungskräfte werden tätig, es kann sich dadurch innerlich orientieren und seine eigenen Vorstellungen bilden. – Die Phantasie des Kindes bedarf noch der äußeren Anlässe; sie muß sich an der Umwelt – an Dingen und Geschehnissen – entzünden können, so daß das Kind das Wahrgenommene umwandeln und ins eigene Tun

umsetzen kann[1]. Hier liegt ein wichtiger Sachverhalt vor, welcher bei der Bild-Gestaltung beachtet werden muß; Phantastik und Verzerrungen (z. B. Karikaturen, Comics) sollten vermieden werden.
Dazu sei auf eine Äußerung Rudolf Steiners in einem öffentlichen Vortrag über Erziehungsfragen 1906 hingewiesen[2]: «Nicht ein Abbild der Wirklichkeit soll man dem Kinde geben. Die Nachahmung darf die Phantasie nicht einschnüren. Das Kind muß in der Scheinwelt leben, die Phantasie muß das Kind beschäftigen, es muß seine Kräfte selbst entwickeln, sich seine eigene Vorstellungswelt schaffen.» Ein Bilderbuch mit beweglichen Figuren entspricht dieser Forderung.
Genauso wichtig wie seine Gestaltung ist natürlich auch der *Inhalt* des Bilderbuchs. Der Hinweis von Rudolf Steiner[3] «Vor dem Zahnwechsel werden die Erzählungen, Märchen usw., die man an das Kind heranbringt, Freude, Erfrischung, Heiterkeit allein zum Ziele haben können» trifft auch für das Bilderbuch zu. Das Entdecken vertrauter Gegenstände auf einem Bilde kann ebenso erheiternd und befriedigend wirken wie das Anschauen einer Illustration zu einem lustigen Reim, einer kleinen, lebensnahen Geschichte oder einer ins Bild umgesetzten Handlung. Freude – Erfrischung – Heiterkeit, das sind «Seelen-Tore», durch die das kleine Kind in die Um-Welt kommunizierend eintritt. Im Bilderbuch möchte es die Welt im Bilde wiederfinden. Diesem Verlangen kommt ein Buch, in welchem die eine oder andere Figur vom Erwachsenen oder vom Kinde geführt wird, entgegen. Deshalb weist Rudolf Steiner öfter darauf hin, daß ein so geartetes Bilderbuch ein «außerordentlich gutes Spielmittel für ein Kind» ist[4, 5].
Eigentlich braucht ein Bilderbuch keinen Text! Das Bild spricht

zum Kinde, es erzählt ihm von den Dingen in der Welt und läßt das Kind selbst sprachlich tätig werden. Wer kennt nicht das jubelnde «Da! Da!» des kleinsten Bilderbuch-Betrachters, mit dem er freudig sein Erkennen begleitet, oder auch das Fragen «Was ist das?» des schon etwas älteren Kindes, wenn es in der Fülle der vertrauten Dinge ihm Unbekanntes auf den Bildern entdeckt.

Das Bilderanschauen regt von sich aus zum Sprechen an. So ruft das Bild nicht nur Gefallen oder Mißfallen beim Kinde hervor, sondern es erweckt zugleich in ihm Kräfte, die es aus seinem Ich ergreift[5]. Ein Bilderbuch, an dem der Betrachter zum «Akteur» wird – wie es bei einem Bilderbuch mit beweglichen Figuren in starkem Maße der Fall ist –, bekommt deshalb für die Entwicklung des Kindes einen besonderen Wert. Der Umgang damit schafft in dem Kinde «innere Regsamkeit der Organe»[6]. Die Sprach- und Denkbewegungen, die im Kinde durch ein solches Buch angeregt werden, prägen sein weiteres Leben mit. So gesehen unterstützen die Verse, Reime und kleinen Geschichten, die im Bilderbuch stehen, die Bildbetrachtung; dies geschieht ganz besonders dann, wenn die *Sprache* der Freude des Kindes am Lautlichen entgegenkommt, wenn sie einen schönen und rhythmischen Klang hat. Dann kann das Kind nachahmend-mitsprechend in eine ihm gemäße Betätigung hineinschlüpfen und sich darin wohl fühlen.

Die in den Lauten liegenden Gebärden (flinke Forellen, schlüpfen und schnellen . . .) und der Rhythmus regen zum Führen der Figuren an. Dies entspricht dem kindlichen Bedürfnis, sein Tun mit Sprechen zu begleiten. Wenn das Kind durch sein Sprechen die Bewegungsabläufe bestimmt, sich auf diese Weise Sinn-Zusammenhänge schafft und dieselben als von ihm gedanklich verknüpfte Beziehungen erlebt, wirkt sich dies positiv auf die Vorstellungsbildung aus. Das Bilderbuch mit beweglichen Figuren kann also ein didaktisches Mittel sein, welches dem Kind eine gesunde Grundlage für das spätere Lesen-Lernen zu geben vermag[7], der Legasthenie vorbeugt und das Lese-Verständnis des Schulkindes mit veranlagt. Auch für die Kinder mit sprachlichen Äußerungsschwierigkeiten ist ein so geartetes Buch sehr hilfreich.

Das Bilderbuch-Alter und die Umgangsweise mit einem Bilderbuch hängen unmittelbar zusammen. Bis etwa zum zweiten Lebensjahr wird man wohl kaum zu einem Bilderbuch greifen, um ein Kind zu beschäftigen. Ein so kleines Kind ist noch ausschließlich an das Tun hingegeben und hat noch nicht die Fähigkeit erworben, sich von den Dingen in einem solchen Maße abzusetzen, daß das Bilderbuch-Betrachten sinnvoll ist.
Das zwei- bis dreijährige Kind sollte noch mit dem Erwachsenen zusammen das Bilderbuch anschauen. Nehme ich ein Kind dieses Alters auf meinen Schoß oder setze es dicht neben mich, dann kann das Bilderbuch-Anschauen zu einem freudigen Erlebnis werden. Ein Bilderbuch mit beweglichen Figuren ist hier angemessen, weil das Kind daran Bewegungen und Handlungen miterleben kann. Freilich muß der Erwachsene oder ein älteres Kind die Figuren führen und das Geschehen mitsprechend begleiten. Doch schon das drei- bis vierjährige Kind wird dieses bald in einfachster Weise selber tun. So können durch dieses Bilderbuch-Betrachten die schönsten Mutter- oder Vater-Kind-Beziehungen gepflegt werden.
Für die Fünf- und Sechsjährigen ist das Bilderbuch mit bewegli-

chen Figuren ebenfalls gut geeignet[8]. Das Führen der Figuren verlangt Behutsamkeit und Sorgfalt. (Dadurch wird die Entwicklung der Feinmotorik günstig beeinflußt.) Kindern, die recht schnell in ein äußeres ungeordnetes und übersteigertes Tun geraten, bietet man mit einem solchen Buche die Gelegenheit, in ein von innen angeregtes, lebendiges Tun zu kommen. Oftmals konnte die Beobachtung gemacht werden, daß Kinder in diesem Alter für ein Bilderbuch dieser Art ein größeres Interesse zeigten als für ihre anderen Bilderbücher. Das mag daran liegen, daß die Kinder ein gewöhnliches Bilderbuch mehr passiv und oberflächlich anschauen, während sie hier am Bildgeschehen mit-tätig werden können. Das Bild wird zur Handlungsfläche, zum Spiel-Gegenstand, in welchem sich «das Kind selbst das tote Bild in die Abbildung von Handlungen umsetzen kann»[6]. Kindliche Kreativität und Phantasie können sich entzünden[9].
Kinder gehen nicht nur gerne mit Bilderbüchern mit beweglichen Figuren um, sondern haben auch große Freude daran, solche Bücher für sich oder andere selbst anzufertigen. Diese Freude war, wie in Bilderbuch-Malkursen immer wieder beobachtet werden konnte, bei den Fünf- bis Siebenjährigen genauso groß wie bei den Schülern der 6. bis 8. Klasse. Die Kinder hatten ihre eigenen Ideen, wie sie den von ihnen gewählten Text ins Bild bringen konnten. Die Schulkinder kamen dabei im Tun zu selbständigen Lösungen der Probleme, die sich bei der Gestaltung der Bilder ergaben; die Kinder im Kindergartenalter griffen freudig mit- und nachschaffend die Anregungen der Erwachsenen auf[10]. Selbst die Kinder, die nicht gerne malten, überwanden an diesem Tun ihre Malhemmungen und -schwierigkeiten.

Hierzu seien die Notizen angeführt, die eine Mutter aufgrund ihrer Erfahrungen mit Kindern bei der Anfertigung von Bilderbüchern mit beweglichen Figuren in Kursen machte. «Ein Bilderbuch dieser Art regt die Kinder sehr zum Nachmachen, zum Tätigwerden an. Sie malen dabei schöner, gestalten mehr als beim einfachen Bild. Sie vertiefen sich mehr in die Tätigkeit des Malens, gewinnen an Ausdauer. Über das Ergebnis freuen sie sich sehr! Das fertige Buch wird in größere Spielvorgänge mit einbezogen, die Spielmöglichkeiten sind erweitert, insbesondere spielen die Kinder damit nicht nur allein, sondern zu mehreren. Sind die Spielmöglichkeiten weitgehend ausgeschöpft, kommt es häufig spontan zum neuen Anfertigen, d. h. zur schöpferischen Tätigkeit des einzelnen Kindes. Die größeren Kinder stärken beim Anfertigen nicht nur ihre Phantasie, sondern auch ihre Vorstellungskraft. Sie genießen dabei auch die Auseinandersetzung mit Gleichaltrigen oder mit dem Anleitenden; das Miteinander wird stark empfunden. Wichtig sind für sie auch die Übung in der äußerlichen schönen Form und das Durchhalten bis zur Vollendung. – Nicht vergessen darf man die Beschäftigung mit den rhythmischen Versen, die bei dieser Tätigkeit besonders intensiv ist. Man kann beobachten, wie die Kinder mit einem Vers leben, den sie auf diese Weise einmal gestaltet haben.»[11]
Die folgenden Ausführungen sollen Anregungen und Hilfe für das selbständige Anfertigen von Bilderbüchern mit beweglichen Figuren geben.

II. Anregungen zum Anfertigen von Bilderbüchern mit beweglichen Figuren

Welche Verse und Geschichten eignen sich als Text für Bilderbücher mit beweglichen Figuren? Es sind dies alle Reime und Erzählungen, die eine Handlung wiedergeben und von anschaulichen, äußeren Geschehnissen berichten. An Hand solcher Texte sind wir in der Lage, in Bildern nicht nur Fertiges abzubilden, sondern Ereignisse darzustellen. Ein Beispiel:

Erdbeerlein am heißen Hang
sonnenrotes Tröpfchen,
kommt der Gnom den Weg entlang
mit dem Henkeltöpfchen.

Erdbeerlein so süß und rot
reift zur rechten Stunde.
Grad genug zum Mittagbrot
für die Gnomenrunde.

(M. Garff)

Es werden Vorgänge beschrieben, die sich in Bildern getreulich nachvollziehen lassen. Sieht nicht ein jeder sogleich den von vielen Walderdbeeren bewachsenen Hang und den kleinen Wicht, der mit einem Töpfchen den Weg daher kommt (1. Bild)? Die roten Erdbeeren locken (2. Bild) zum Abpflücken, der Gnom sammelt sie in sein Töpfchen. Dann teilt er sie unter seinen Gnomenbrüdern wieder auf (3. Bild). Ein äußeres Geschehen, in einer sinnvollen Handlung nachgebildet, wird zu einem Bild, das gleichzeitig auch sinnbildlichen Charakter hat.

Die folgende Zwergengeschichte wird sicherlich viele Kinder ansprechen:

Am Berge stehen, guck' nur guck',
Die beiden Zwerge Pit und Puck
Sie wispern mit den Stimmchen hell,
Sie trippeln wie der Wind so schnell,
Da tut's im Berge einen Ruck,
Rabum – und weg sind Pit und Puck.
(H. Diestel)

Dadurch, daß man diesen Vers auf zwei oder drei Bilder verteilt, läßt sich noch eine Steigerung in das Geschehen bringen.

Für das jüngere Kind ist ein Bilderbuch mit ein oder zwei Blättern und mit wenig Text gut. Ein kleiner Dialog, wie er sich in dem bekannten Kinderlied «Häschen in der Grube» oder in dem folgenden Vierzeiler findet:

«Guten Morgen, mein Häschen,
Wo sind deine Vettern und Bäschen,
Wo sind deine Brüderlein sieben?»
«Sind alle zu Hause geblieben.»
(M. Garff)

oder in dem Kindergedicht dargestellt wird:

«Guten Tag, Herr Gärtnersmann,
Haben Sie Lavendel,
Majoran und Thymian
Und ein wenig Quendel?»
«Ja, Madame, das haben wir
Hier in unserm Garten.
Wollen Sie so gütig sein
Und ein wenig warten?»

(E. Fischer)

regt das Kind zu eigenem Umgang mit den im Bilde zu bewegenden Figuren an. Bei dem Vierzeiler können sich z. B. eine Schnecke und ein Häschen begegnen; das Buch besteht hier nur aus einer Bild- und einer Textseite.

Die Vier- bis Sechsjährigen lieben besonders die erwartungsvolle Spannung, die sich durch das Umblättern von Seite zu Seite ergibt. Diesem Bedürfnis kann man z. B. durch ein Tier-Bilderbuch mit mehreren Blättern entgegenkommen, das dem Kinde darüber hinaus von den darin vorkommenden Tieren etwas Wesentliches vermitteln kann, weil sich die Tierfiguren im Bilde bewegen lassen. Im folgenden seien vier Textbeispiele gegeben.

Flinke Forellen
Schlüpfen und schnellen
Froh in den hellen
Quellwasserwellen.

(M. Garff)

Hier führt, vom Sprachrhythmus angeregt, unsere oder die Kindeshand die Fische durch die Wellen. Auf einem weiteren Bilde könnten Mäuse zu sehen sein, die in Kisten und Kästen verschwinden, so, wie es beschrieben wird:

In unserem Häuschen
Sind schrecklich viel Mäuschen.
Sie pfeifen und rappeln,
Sie trippeln und trappeln
In Kisten und Schränken,
Auf Tischen und Bänken,
Sie stehlen und naschen,
Und will man sie haschen –
Husch sind sie fort.

(Naveau)

Oder es wird eine Schnecke, unterstützt durch die Sprachgebärde, von einem Ende zum anderen Ende des Blattes geführt:

Ach, wie langsam, ach, wie langsam
Kommt der Schneck von seinem Fleck!
Sieben volle Tage braucht er
Von dem Eck zum andern Eck!

Schließlich ein Vogelvers:

Vöglein breitet aus die Flügel,
Flieget über alle Hügel,
Schwingt sich auf, hin zu der Sonne,
Singt ein Lied voll Freud und Wonne.

(H. Diestel)

Nicht alle Kindergedichte eignen sich zur Bilderbuchgestaltung, z. B. solche, die vorwiegend ein inneres Erleben, eine Stimmung der Seele ausdrücken. Ihre Bilder sind im Sprachrhythmus und in der Wortgebärde eingebettet und lassen sich im Bilderbuch mit beweglichen Figuren kaum darstellen. Die Bilder, die gemalt werden, sollen ja nicht den Text illustrieren, sondern zum Handeln auffordern. Ein solches Gedicht wie das folgende wird sich daher nur schwer gestalten lassen:

Die weißen Wolkenwiegen,
Darein die Englein liegen,
Die wiegen leise, leise
Im Wolkenwiegegleise,
Im Wolkenwiegegange
Beim Sonnensangesklange.

(M. Garff)

Auch Gedichte, deren Bilder vorwiegend statischen Charakter haben, eignen sich nicht gut für das Bilderbuch:

Der alte Schäfer Siebenschuh,
Der raucht Tabak und strickt dazu.
Die Wolle stammt von seinem Schaf,
Das heißt Marie und ist so brav,
Und daraus strickt in guter Ruh,
Den Zwickelstrumpf der Siebenschuh.

(M. Garff)

Im folgenden sollen drei Beispiele dafür gegeben werden, wie man für ein ausgewähltes Gedicht die Anzahl der Bilder und ihre Inhalte festlegen kann.

1. Bild
Nuckelchen und Puckelchen
Sind zwei kleine Hasen,
Sitzen unterm Tannenbaum
Auf dem grünen Rasen.

2. Bild
«Komm, wir hüpfen in den Wald,
Springen auf die Berge,
Sehen uns die Riesen an
Und im Moos die Zwerge!»

3. Bild
«Häschen, ihr seid viel zu klein,
Bleibt auf eurem Rasen!»
«Nein, wir ziehen in die Welt,
Wir sind große Hasen!»

4. Bild
Seht, da springen sie davon,
Hüpfen frisch und munter,
Kommen erst am Abend spät
Von dem Berg herunter.

5. Bild
Nuckelchen und Puckelchen,
Müde kleine Hasen,
Schlafen unterm Tannenbaum,
Auf dem grünen Rasen.

(H. Diestel)

1. Bild Hier ist ein Berg, da ist ein Berg,
In jedem Berge wohnt ein Zwerg!
Dazwischen steht ein Tannenbaum.
Und sieh, im blauen Himmelsraum
Erscheint der Mond um Mitternacht.

2. Bild Das Zwerglein Munkepunk erwacht!
Es guckt geschwind zum andern Berg,
Sieh da, auch dort erwacht der Zwerg!
Der Zwerg mit Namen Eckeneck
Guckt auch aus seinem Bergversteck!

3. Bild Hier siehst du beide Zwerge nun,
Was glaubst du, was sie beide tun?
Sie tanzen froh wie ich und du,
Der Silbermond guckt ihnen zu.

4. Bild Am Morgen geht der Mond nach Haus,
Die Nacht ist um, der Tanz ist aus.
Zuerst verschwindet Eckeneck
In seinem dunklen Bergversteck,
Dann schlüpft mit einem muntren Sprung
In seine Höhle Munkepunk.

5. Bild Hier steht ein Berg, da steht ein Berg –
In jedem schlummert nun ein Zwerg.

(H. Diestel)

1. Bild

Ei, nanu,
Wer bist du?
Bist kein Zwerg,
Wie ein Berg,
Wie ein Haus
Siehst du aus!
Bist Du weit
Schon gereist,
Sag uns gleich,
Wie du heißt!

2. Bild

Ja, von weit
Komm ich her,
Von dem Wald
An das Meer,

3. Bild

Ging zum Strand
Schritt für Schritt,
Und ein Schiff
Nahm mich mit!

4. Bild

So erreicht'
Ich dies Land,
Und ich heiß:
Elefant!

(H. Diestel)

III. Anleitung zum Malen und Anfertigen eines Bilderbuches

Einige Gesichtspunkte zum Malmaterial und zur Malweise

Als Malgrund wird etwas festerer Zeichenkarton, dessen Oberfläche nur wenig geleimt ist, verwandt. Die Oberfläche des Papiers sollte nicht glatt, aber auch nicht zu rauh sein, damit die Farbe vom Papier gut angenommen wird.

Stockmar-Wachsmalstifte und -Wachsmalblöcke bewährten sich in den Kursen als ein besonders gut geeignetes Malmaterial. Mit den Wachsmalblöcken kann u. a. auch die Lasur-Technik angewandt werden. Diese Technik läßt die Bilder transparent erscheinen und doch kräftig in den Farben leuchten. Mit den Wachsmalblöcken lassen sich Flächen (z. B. Himmel oder Erde), mit den Wachsmalstiften Feinheiten und Figuren am besten malen. Wird mit den Wachsmalblöcken gearbeitet, so ist darauf zu achten, daß mit den ganzen Kanten gemalt wird; nur so läßt sich die Farbe breitflächig auf das Papier bringen. Durch mehrmaliges leichtes Darübermalen entstehen schöne, in sich nuancierte Farbflächen. (Damit nicht der Eindruck einer angestrichenen Fläche oder Figur hervorgerufen wird, ist darauf zu achten, daß die Farben beim Malen nicht zu dick aufgetragen werden.) Aus den Farbflächen lassen sich dann gut Baum, Haus, Wasser, Himmel, Wiese und anderes mehr mit dem Wachsmalstift gestalten. Die so entstehenden Bilder sind wohltuend für das Auge und beleben die Phantasie.

Auch ein zeitliches Element kann durch das Malen in das Bild hereingebracht werden. So können z. B. unterschiedliche Tages- und Jahreszeitenstimmungen, insbesondere auf dem Hintergrundblatt, durch Farbenwahl und -gestaltung zum Ausdruck kommen.

Arbeitsvorgang:

1. Malen der Bildseiten
2. Malen der Figuren
3. Schreiben der Textseiten
4. Kleben der Bildseiten
5. Kleben der Figuren
6. Kleben der Textseiten
7. Binden des Buches und Einfügen der Figuren in die Bilder

Benötigtes Material:

Zeichenkarton, der auf die Größe DIN A 4
oder DIN A 5 geschnitten wird
Wachsmalstifte
Wachsmalblöcke
Farbiger Fotokarton
Uhu

Benötigtes Handwerkszeug:

Schere zum Ausschneiden
Bürolocher oder Lochzange
Lineal
Kordel, Bast oder dickes Garn zum Binden

Die Arbeitsvorgänge im einzelnen

1. *Beim Malen einer Bildseite* wird auf *ein* Blatt der Hintergrund, auf ein zweites Blatt der Vordergrund gemalt. Mit dem Hintergrundblatt zu beginnen, erleichtert den Anfang. Erst sollte man sich über das Motiv für den Hintergrund, dann über dasjenige für den Vordergrund im klaren sein, ehe mit dem Malen begonnen wird. Sind Hinter- und Vordergrund gemalt, so wird der Vordergrund in der Weise ausgeschnitten, wie es das folgende Beispiel zeigt (abgeschnitten werden die auf den folgenden Seiten grau wiedergegebenen Flächen). Die Figuren werden stets für jedes Bild extra gemalt.
An den Bildern zum obigen Hasengedicht (S. 22) von H. Diestel sollen die Vorgänge auf den folgenden Seiten im einzelnen verdeutlicht werden. Die Reproduktionen sind auf ¾ der Originalgröße verkleinert.

Zu beachten ist:

1. Am linken Blattrand werden 3–4 cm für die Löcher zum Binden freigelassen. Diese Fläche wird nur farbig gemalt; nicht etwas Gegenständliches (Baum, Busch oder dergleichen) bis an den Rand malen!
2. Der Vordergrund muß mindestens 2 cm hoch und über die ganze Blattbreite gemalt werden.
3. Der Vordergrund wird am rechten und linken Blattende 1 bis 2 cm höher gemalt, damit genügend Fläche zum Aufkleben auf den Hintergrund vorhanden ist.

1. Blatt:
Hintergrund

2. Blatt:
Vordergrund

1. Bild

1. Blatt:
Hintergrund

2. Blatt:
erster Vordergrund

3. Blatt:
zweiter Vordergrund

2. Bild

1. Blatt:
Hintergrund

2. Blatt:
Vordergrund

1. Blatt:
Hintergrund

2. Blatt:
erster Vordergrund

3. Blatt:
zweiter Vordergrund

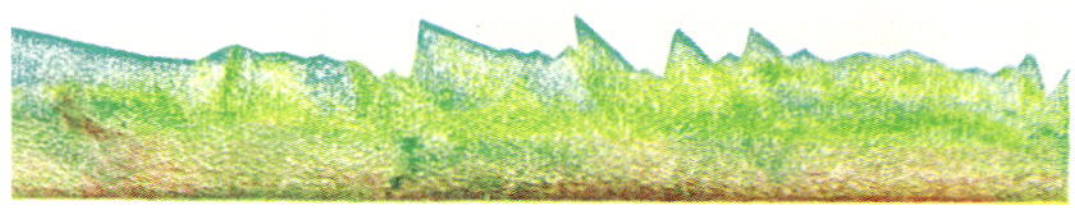

4. Bild

1. Blatt:
Hintergrund

2. Blatt:
Vordergrund

5. Bild

2. *Malen der Figuren.* Die Figuren werden für jedes Bild einzeln auf Zeichenkarton gemalt. Die Reste, die vom Vordergrundblatt übrig geblieben sind, können dafür genutzt werden.

1. Bild

3. Bild

2. Bild

4. Bild

5. Bild

Sind die Figuren gemalt, werden sie *doppelt* ausgeschnitten; zwischen die beiden Exemplare wird später der Führungsstab geklebt.

3. Das *Schreiben des Textes* kann in jeder Schriftart geschehen. Ein etwa 4 cm breiter Lochrand auf der rechten Blattseite ist zu berücksichtigen. Nach dem Schreiben wird das ganze Blatt, am besten vom Rand her, farbig leicht eingetönt. Schön ist es, wenn die Farben des Bildes dabei aufgegriffen werden.

Kommen erst
am Abend spät
Von dem Berg herunter

4. *Kleben der Bildseiten.* Der Vordergrund wird am linken und rechten Rand eingestrichen und auf den Hintergrund geklebt. Die Ecken werden u. U. nachgeklebt. Am unteren Blattrand bleibt zwischen Hinter- und Vordergrund die Öffnung zum Durchstecken der Figuren.

Man kann auch auf der Rückseite des Vordergrunds einen etwa 1 cm breiten Zeichenkarton-Streifen an den Blattenden ankleben, auf dem als Steg die Figuren geführt werden können. Der Führungsstab muß dann zweigeteilt sein, so daß die Figur wie ein Reiterchen auf dem Streifen sitzt und bewegt werden kann.

5. Beim *Zusammenkleben der Figuren* wird ein 1 cm breiter Kartonstreifen – der Führungsstab – zwischen die zwei Exemplare der ausgeschnittenen Figur geschoben, und das Ganze wird zusammengeklebt. Die Länge des Führungsstabes richtet sich nach dem jeweiligen Bild und der Funktion der darin zu bewegenden Figur. Es bekommen z. B. die Köpfe der Riesen einen so langen Stab, daß sie hinter den Bergen hervorschauen können; die Zwerge müssen sich im Moos bewegen können, der Vogel auf dem Baumast usw.

6. *Das Kleben der Textseiten.* Die Textseite, die zum 1. Bild gehört, wird auf Fotokarton geklebt. Alsdann wird der Fotokarton bündig mit dem Textblatt abgeschnitten. Wir erhalten so das vordere Deckblatt des Buches.
Die 2. Textseite wird auf die Rückseite des 1. Bildes geklebt, die 3. Textseite wird auf die Rückseite des 2. Bildes geklebt, die 4. Textseite wird auf die Rückseite des 3. Bildes geklebt, die 5. Textseite wird auf die Rückseite des 4. Bildes geklebt.

Das 5. Bild wird wiederum auf Fotokarton geklebt (hinteres Deckblatt).
Um die Vorderseite des Buches deutlich kenntlich zu machen, kann man z. B. zwei Hasen auf das vordere Deckblatt rechts unten kleben oder es beschriften.

7. *Zum Binden des Buches* müssen alle Seiten in der richtigen Reihenfolge aufeinandergelegt werden. Mit einem Bürolocher oder einer Lochzange werden sie alsdann auf der linken Seite gelocht. Durch die zwei Löcher wird eine gedrehte Kordel oder Bast oder ein dickerer, fester Garnfaden gezogen, und zwar folgendermaßen: Kordel durch ein Loch lang ziehen; einen «Ring» knüpfen, der so locker die Seiten zusammenhält, daß sich diese gut umschlagen lassen; festknoten; die Kordel durch das zweite Loch ziehen, einen «Ring» schlingen und ebenfalls locker zusammenknoten (siehe S. 47).

Die nachfolgende Abbildung gibt eine Seite aus einem Buch wieder, das in einem Bilderbuch-Malkurs mit Eltern entstand. Sie zeigt ein einfaches Beispiel, an dem das Wesentliche deutlich wird, und kann in ihrer Einfachheit Mut machen, das Anfertigen selbst zu versuchen.

IV. Über das Bilderbuchanfertigen mit Kindern

Die beiden folgenden Abbildungen zeigen Bilder, die von Kinderhand angefertigt wurden. Das Bild auf der gegenüberliegenden Seite stammt aus einem Bilderbuch eines fast siebenjährigen Jungen, der mit seiner Mutter zum Bilderbuch-Malkurs mitgekommen war. Als er eine Weile zugesehen hatte, wollte er «auch ein Buch malen». Zuerst malte er die Bilder, danach erdachte er den Text und bat dann seine Mutter, diesen dazuzuschreiben. Seite 48 zeigt die Arbeit eines 4¾jährigen Jungen nach seinen Ferien an der See.

Ein Haus malen Kinder immer wieder gerne. Viel Spaß macht es, wenn sich die «Fenster» und die «Türe» öffnen lassen und jemand – als bewegliche Figur – herausschauen kann. An einem Nachmittag hatten Kinder ein solches Haus – ein «Kasper-Haus», wie sie es nannten – gemalt, ausgeschnitten und aufgeklebt. Schon während dieser Tätigkeiten kamen sie in ein lebhaftes, fröhliches Miteinander-Spielen, das sich zu Hause mit dem fertigen Bild fortsetzte. Aufgrund dieser Erfahrungen wurden auf der Geburtstagsfeier eines dieser Kinder – eines Fünfjährigen – zur großen Freude aller Geburtstagsgäste ebenfalls solche «Kasper-Häuser» angefertigt.

Seit einigen Jahren gibt es auf dem Weihnachtsmarkt der Freien Waldorfschule Kassel in einem dafür hergerichteten Klassenraum auch eine Malecke, in der Kinder die Gelegenheit haben, in Ruhe und unter Anleitung ein Bild mit beweglichen Figuren zu malen, – was immer großen Anklang findet.

Fröhlich geht er in sein Haus,
schaut vergnügt zum Fenster raus.

Literaturhinweise

1 R. Steiner: Die gesunde Entwicklung des Leiblich-Physischen als Grundlage der freien Entfaltung des Seelisch-Geistigen. 17 Vorträge, Dornach 23. Dez. 1921 – 7. Jan. 1922. GA 303. Aus dem 7. Vortrag: «Aber der kindlichen Phantasie, ihr muß man allerdings schon entgegenkommen, denn sie will sich am Äußeren betätigen, nämlich an Spielzeug und am sonstigen Spiel mit anderen Kindern. Alles dasjenige, was da das Kind vollziehen will im Spiel, das ist die Betätigung dieser besonderen Phantasieform zwischen dem zweieinhalbten und fünften Jahre.»

2 R. Steiner: Über Erziehungsfragen. Öffentlicher Vortrag, Hamburg, 3. März 1906. Die Menschenschule 51 (1977), Heft 6, S. 161–170.

3 R. Steiner: Die Erziehung des Kindes vom Gesichtspunkte der Geisteswissenschaft (1907). Dornach 1978.

4 wie 1, aus dem 7. Vortrag: «Die Spielzeuge sollen womöglich der Phantasie freien Spielraum lassen. Und da der Verstand, der Intellekt nicht Phantasie ist, so ist eben das Zusammensetzen von allerlei Dingen nicht gerade dasjenige, was der besonderen Artung der kindlichen Phantasie in diesem Alter entgegenkommt.
Dasjenige, was das Gefühl innerer Lebendigkeit hervor-

ruft, das ist immer besser. Ein Bilderbuch z. B., das ausgeschnittene, nicht gerade scheußlich, sondern geschmackvoll gemalte Figuren hat, die unten an Fäden zu ziehen sind, so daß diese Figuren ganze Handlungen ausführen, sich kosen und prügeln, und das Kind ganze Dramen dadurch für sich hervorrufen kann aus dem, was es da sieht, das ist ein außerordentlich gutes Spielmittel für ein Kind.»

5 R. Steiner: Menschengeschichte im Lichte der Geistesforschung. 16 Vorträge, Berlin 19. Okt. 1911 bis 28. März 1912. GA 61. Aus dem 14. Vortrag: «Wo finden wir das, was an dem Kinde als ein höheres Selbst, als eine höhere Wesenheit sich betätigt, die zu dem Kinde gehört, aber nicht ins Bewußtsein hereinkommt? Es mag sonderbar erscheinen, dennoch aber ist es richtig, daß dies sich im Kinde betätigt bei dem rationellen, bei dem gut geführten Spiel. Beim Spiel des Kindes können wir nur die Bedingungen der Erziehung herbeischaffen. Was aber durch das Spiel geleistet wird, das wird im Grunde genommen geleistet durch die Selbstbetätigung des Kindes, durch alles, was wir nicht in strenge Regeln bannen können. Ja, gerade darauf beruht das Wesentliche und das Erzieherische im Spiel, daß wir haltmachen mit unseren Regeln, mit unseren pädagogischen und erzieherischen Künsten, und das Kind seinen eigenen Kräften überlassen. Denn was tut das Kind dann, wenn wir es seinen eigenen Kräften überlassen? Dann probiert das Kind im Spiel an den äußeren Gegenständen, ob dieses oder jenes durch die eigene Tätigkeit wirkt. Es bringt seinen eigenen Willen zur Betätigung, in Bewegung. Und in der Art und Weise, wie sich

die äußeren Dinge unter der Einwirkung des Willens verhalten, geschieht es, daß das Kind in einer ganz anderen Weise als durch Einwirkung einer Persönlichkeit oder ihres pädagogischen Prinzipes sich an dem Leben, wenn auch nur spielend, erzieht. Daher ist es von so großer Wichtigkeit, daß wir ins Spiel des Kindes so wenig wie möglich Verstandesmäßiges hineinmischen. Je mehr sich das Spiel betätigt in dem, was nicht begriffen wird, was angeschaut wird in seinem Lebendigen, desto besser ist das Spiel. Wenn wir dem Kinde daher ein Spielzeug geben, wo es durch Ziehen von Fäden oder sonstwie die Bewegung von Menschen oder Dingen vorgetäuscht erhält, sei es im Bilderbuche mit beweglichen Tieren oder Menschen, oder im sonstigen Spielzeug, so erziehen wir es durch das Spiel besser, als wenn wir ihm die schönsten Baukästen geben.»

6 wie 3, S. 23: «Alle Spielzeuge, welche nur aus toten mathematischen Formen bestehen, wirken verödend und ertötend auf die Bildungskräfte des Kindes, dagegen wirkt in der richtigen Art alles, was die Vorstellung des Lebendigen erregt. Unsere materialistische Zeit bringt nur wenig gute Spielzeuge hervor. Was für ein gesundes Spielzug ist z. B. das, welches durch zwei verschiebbare Hölzer zwei Schmiede zeigt, die einander zugekehrt einen Gegenstand behämmern. Sehr gut sind auch jene Bilderbücher, deren Figuren durch Fäden von unten gezogen werden können, so daß sich das Kind selbst das tote Bild in die Abbildung von Handlungen umsetzen kann. Das alles schafft innere Regsamkeit der Organe, und aus dieser Regsamkeit baut sich die richtige Form der Organe auf.»

7 R. Steiner: Mein Lebensgang (1923–1925). GA 28. Taschenbuchausgabe Stuttgart 1975, S. 10:
«Unter diesen Spielsachen fesselten mich besonders diejenigen, deren Art ich auch heute für besonders gut halte. Es waren Bilderbücher mit beweglichen Figuren, die unten an Fäden gezogen werden können. Man verfolgte kleine Erzählungen an diesen Bildern, denen man einen Teil ihres Lebens dadurch selbst gab, daß man an den Fäden zog. Vor diesen Bilderbüchern saß ich oft stundenlang mit meiner Schwester. Ich lernte an ihnen auch, wie von selbst, die Anfangsgründe des Lesens.»

8 R. Steiner: Aus den Konferenzen mit den Lehrern der Freien Waldorfschule in Stuttgart (1919–1924). GA 300/1. Aus der Konferenz vom 22. November 1920: «Nun haben wir Ihre Fibel. Die Sache ist ausgezeichnet und würde für den, der sie benützt, außerordentlich anregend sein. Es könnte sich das Allerverschiedenartigste daran knüpfen ... Jetzt haben Sie ein System, das ich ganz brauchbar finde, für ein Bilderbuch mit verschiebbaren Bildern, wo man unten an Schnüren zieht, wo man einen kurzen Text hat und oben verschiebbare Bilder. Ein solches Bilderbuch würde außerordentlich notwendig sein beim Kindergarten.»

9 H. Hauck: Handarbeit und Kunstgewerbe. Angaben von Rudolf Steiner. 4. Auflage, Stuttgart 1977.
Aus einer Diskussion mit englischen Gästen am 5. Januar 1922 in Dornach: Frage: «Wie kann der Erzieher am besten entgegenkommen der Notwendigkeit einer Betätigung der Kinder von 5½ bis 7 Jahren, welche gewöhnlich fragen, was sie tun sollen?» Dr. Steiner: «Nun, es ist bei

Kindern, die etwa dieses Lebensalter erreicht haben, dasjenige ja vorhanden, was ich versuchte in den Vorträgen anzudeuten. Es scheint gewissermaßen das schon herein, was Autoritätsgefühl ist, aber es ist im wesentlichen noch die Sehnsucht nach der Nachahmung präponderierend in der Hauptsache vorhanden. Darnach muß denn auch dasjenige eingerichtet werden, was man mit solchen Kindern tut. Es ist gerade bei solchen Kindern auch außerordentlich gut, das anzuwenden, was ich angeführt habe etwa als die beweglichen Bilderbücher. Dadurch ist ihre erwachende Phantasie schon durchaus gut zu beschäftigen . . . wenn die Kinder irgend etwas zu tun bekommen wollen, dann werden wir die einfachsten Arten gerade zu malen oder zu modellieren so mit ihnen durchzuführen versuchen, daß man ihnen die Sache vormacht und sie zuschauen läßt. Nicht wahr, bei Kindern, die dann den Zahnwechsel überschritten haben, macht man die Sache nicht vor, sondern da versucht man, ohne daß man es ihnen vormacht, sie dazu zu bringen, daß sie Eigenes machen.»

10 R. Steiner: Die geistig-seelischen Grundkräfte der Erziehungskunst. 9 Vorträge, Oxford 16. bis 25. August 1922. GA 305. Aus dem 7. Vortrag (23. August 1922): «Es handelt sich aber insbesondere darum, daß man Kinder früh darauf aufmerksam macht, wie sie aus der inneren Beweglichkeit heraus, nicht aus innerer Starrheit heraus eigentlich sich das Leben denken wollen. Daher, wenn man die Kinder allmählich aus dem Spielwesen heraus dasjenige, was ja für sie seriös ist, seinen Ernst hat, gestalten läßt, so muß man versuchen, Beweglichkeit in die Sache hinein zu bringen . . .

Besonderen Wert lege ich immer darauf, daß Kinder auch bei Spielzeugen sich schon hineinfinden in das, was sich bewegt, was also nicht bloß ruht, sondern bei dem man handeln lernt. So fabrizieren dann die Kinder Dinge, die ihnen außerordentliche Freude gewähren, wenn sie sie nach und nach fertigbringen.»

11 Mit freundlicher Genehmigung von Frau Chr. Bielefeldt, Kassel.

Anhang

Einige Texte, die sich besonders gut zur Gestaltung von Bilderbüchern mit beweglichen Figuren eignen, seien noch angegeben.

Fahr, mein Schifflein, fahre
Auf der blauen See,
Und der weiße Wimpel
In dem Winde weh'!

Viele flinke Fische
Schwimmen um uns her,
Silberhelle Möwen
Tanzen überm Meer.

Und des Abends leuchten
Uns die goldnen Stern
Fahr, mein Schifflein, fahre
Weithin in die Fern'!

(M. Garff)

Und unsre liebe Frau,
Die wollte wandern gehn.
Da sah sie von weitem
Ein Schifflein stehn.

O Schifflein, liebes Schifflein,
Du liebes Schifflein mein,
Fahr' du mich noch heute
Ins Himmelreich hinein.

Und als das liebe Schiff
Auf Meeresmitten kam,
Da fingen alle Glocken
Zu läuten an.

Sie läuteten so hell,
Sie läuteten so rein,
Sie läuteten Marien
Ins Himmelreich hinein.

(Volksmund)

Die Häschenmutter sitzt im Wald,
Die Häschenkinder kommen bald.
Sie spitzen ihre Ohren schon,
Jetzt hüpfen sie vergnügt davon.
Nun, ihr Häschen, seid nicht dumm,
Hüpft um diesen Baum herum,
Um den Baum und um den Busch,
Springt nach Hause, husch, husch, husch.

(H. Diestel)

Aus «Es plaudert der Bach» (M. Garff):

Es ging einmal ein Bläserlein . . .
Horch, was keucht da übern Berg? . . .
Klippdiklapp und knickdiknack . . .
Es buckeln und huckeln die Gnomen vom Berge . . .

Aus «Rhythmen und Reime», Arbeitsmaterial aus den Waldorfkindergärten, Heft 6:

Das Eichhörnchen . . .
Es war einmal ein brauner Bär . . .
Trippeltrappel, aus dem Berge . . .

Aus «Wir kommen aus dem Mondenland» (H. Diestel):

Unter einem grünen Tännlein . . .
In die Berge laßt uns gehen . . .
Klumpedump und Schnickelschnack . . .
Zwei Vöglein schlafen im Nest . . .

Aus «Eins und Alles» (Hrsg. von H. Ritter):

Es lebt ein Ries' im Wald . . .
Das bucklige Männlein
Und die Sonne machte den weiten Ritt um die Welt . . .
Sonne hat sich müd' gelaufen . . .
Vom schlafenden Apfel
Die drei Spatzen

Aus «Kleine Märchen und Geschichten», Arbeitsmaterial aus den Waldorfkindergärten, Heft 5:

Das Rübchen
Der Pfannkuchen

Werkbücher für Kinder, Eltern und Erzieher

1 Wir spielen Schattentheater

Anregungen für eine einfache Bühne, kleine Szenen und drei Märchenspiele mit zahlreichen Zeichnungen und Scherenschnitten von *Erika Zimmermann.* 3. Auflage, 72 Seiten, kartoniert

Unser Schattentheater kann mit sehr einfachen Mitteln von Kindern selbst gebaut und gespielt werden. Dazu gibt das Bändchen reiche Anregungen – vom Schattenraten mit einfachen Gegenständen bis zu kleinen Märchenspielen mit wenigen Figuren und leichten Texten.

2 Advent

Praktische Anregungen für die Zeit vor Weihnachten. Zusammengestellt von *Freya Jaffke.* Mit Zeichnungen von Christiane Lesch und farbigen Abbildungen. 5. Auflage, 59 Seiten, kartoniert

Alte und neue Adventsbräuche hat Freya Jaffke hier gesammelt: sinnvolle und schöne Gegenstände, die der Vorbereitung auf Weihnachten dienen und an denen die Kinder ihre Geschicklichkeit üben können.

3 Bilderbücher mit beweglichen Figuren

Anregungen und Anleitung zum Selbermachen, von *Brunhild Müller.* 3. Auflage, 57 Seiten, kartoniert

Das Bilderbuch muß aus den menschenkundlichen Grundlagen des Kindes heraus gestaltet werden. Dabei zeigt es sich, daß das Kind die Formen eines Bildes erst allmählich aus den bewegenden, regsamen Bildekräften seiner inneren Natur erfaßt. Aus diesem Grunde sind bewegliche Bilderbücher, in denen das Kind eine erzählte Geschichte selbst aktiv ausführen kann, gerade der frühen Kindheit angemessen.

4 Wir spielen Kasperle-Theater

Die Bedeutung des Kasperle-Spiels, die Herstellung von Puppen und Bühne und zehn kleine Szenen. Von *A. Weissenberg-Seebohm, C. Taudin-Chabot* und *C. Mees-Henny.* Aus dem Holländischen von Arnica Esterl. 2. Auflage, 92 Seiten mit 7 farbigen und 56 schwarzweißen Abbildungen, kartoniert

5 Mit Kasperle durch das Jahr

Vier große Kasperle-Stücke, von *A. Weissenberg-Seebohm.* Aus dem Holländischen von Arnica Esterl, 2. Auflage, 56 Seiten, kartoniert

Verlag Freies Geistesleben

Werkbücher für Kinder, Eltern und Erzieher

6 Geometrische Körper aus Stroh selbstgemacht

Von *Walter Kraul.* 46 Seiten, mit zahlr. Abbildungen, kartoniert

In mancher Wohnung hängen sie am Fenster, unter der Lampe, als Mobile von der Decke, oder sie liegen inmitten einer Steinsammlung als zarter Kontrast: die geometrischen Körper aus Stroh. Walter Kraul zeigt, wie's gemacht wird.

7 Spielen mit Wasser und Luft

Von *Walter Kraul.* 2. Auflage, 70 Seiten mit zahlreichen Abbildungen, kartoniert

«Welches Kind möchte nicht gerne mit Wasser spielen, Wasserräder bauen, eine Fähre über das Bächlein, und wen reizt nicht der Wind zu munterem Spiel . . . Das preiswerte Büchlein enthält für alle Eltern und Kinder eine Fülle guter Anregungen.» *Die Gegenwart*

8 Spielen mit Feuer und Erde

Von *Walter Kraul.* 59 Seiten mit zahlreichen Zeichnungen und Fotos, kartoniert

«Spiele mit Kugelbahn, Sandrad, Seilbahn, Jo-Jo und Kreisel sollen Kindern die physikalische Bedeutung von Gewicht und Schwere anschaulich machen; Schattenkarussell oder auch Warmluftballon machen sie spielend und auf vergnügliche Weise mit den Wirkungen des ‹Feuers› – der Wärme und dem Licht – vertraut.»

Kieler Nachrichten

9 Malen mit Wasserfarben

Von *Brunhild Müller,* 49 Seiten mit zahlr. farbigen Abbildungen

«Die Autorin gibt eine ansprechende, informative Einführung, wie Kinder Farben erleben, welche Wirkung Farben haben und wie Malvorbereitungen getroffen werden können. Die bunten Bilder, die sowohl das Kindermalen verdeutlichen als auch die kindlichen Bildgeschichten wiedergeben, motivieren zum Mitmachen.»

Der Evangelische Buchberater

10 Kinderbekleidung

Von *Ulrich Rösch* und *Traute Nierth,* 92 Seiten mit zahlreichen farbigen und schwarzweißen Abbildungen

«Es ist das Verdienst der Autoren, auf die prägende, für das kindliche Wohlgefühl entscheidende Gestaltung und Auswahl von Kinderkleidung in praktischer, leicht übersetzbarer Form hingewiesen zu haben, die für Eltern und Erzieher wichtige Anregungen bieten dürften.» *Deutsches Jugendschriftenwerk*

Arbeitsmaterial aus den Waldorfkindergärten

1 **Spielzeug – von Eltern selbstgemacht**
Von *Freya Jaffke.*
15. Auflage, 100 Seiten mit zahlr. Zeichnungen, kartoniert

2 **Getreidegerichte – einfach und schmackhaft**
Von *Freya Jaffke.* 10. Auflage, 52 Seiten, kartoniert

3 **Färben mit Pflanzen**
Textilien selbst gefärbt. Historisches und Rezepte für heute, dargestellt und illustriert von *Renate Jörke.*
6. Auflage, 71 Seiten, kartoniert

4 **Singspiele und Reigen**
für altersgemischte Gruppen. Aus dem Waldorfkindergarten Hamburg, zusammengestellt von *Suse König.*
5. Auflage, 56 Seiten, kartoniert

5 **Kleine Märchen und Geschichten**
zum Erzählen und für Puppenspiele, 6. Auflage, 55 Seiten

6 **Rhythmen und Reime**
Gesammelt bei der Vereinigung der Waldorfkindergärten Stuttgart.
5. Auflage, 64 Seiten, kartoniert

7 **Puppenspiel**
Anleitungen für die Einrichtung verschiedener Spielmöglichkeiten und die Herstellung einfacher Figuren.
Von *Freya Jaffke.* 2. Auflage, 68 Seiten, kartoniert

8 **Hänschen Apfelkern**
Kleine Märchen und Geschichten zum Erzählen und Spielen. Gesammelt und bearbeitet von *Bronja Zahlingen.*
4. Auflage, 50 Seiten, kartoniert

9 **Zwerge**
Wie man sie sieht, wie man sie macht, wie man mit ihnen umgeht. Zusammengestellt von *Johanna-Veronika Picht.*
2. Auflage, 54 Seiten, kartoniert

10 **Tanzt und singt!**
Rhythmische Spiele im Jahreslauf. Zusammengestellt von *Freya Jaffke,* mit Zeichnungen von *Christiane Lesch.*
2. Auflage, 100 Seiten, kartoniert

11 **Das spielende Kind**
Beobachtungen und Erfahrungen einer Kindergärtnerin. Von *Ingeborg Haller.* Mit Zeichnungen von *Almuth Regenass-Haller.*
2. Auflage, 67 Seiten, kartoniert

Verlag Freies Geistesleben